Ben en

le soccer

. effort*.

md

Aujourd'hui, je vais jouer au soccer avec Julie, Célia et Samuel.
7:30

Est-ce que je peux venir aussi ?
Avec plaisir !

Pour avoir de l'énergie, il faut bien déjeuner, Théo.

Je sais, Ben, tu me le répètes toujours !
BEURRE D'ARACHIDES croquant

Allez, Théo, il faut partir !

Suis-moi, Virgil.

Ben court partout.
Il ne manque pas
une passe.

Ben, ralentis !
Tu vas manquer
d'énergie !

Julie dégage le ballon
à l'extrémité* du terrain.

À toi, Théo ! Je prends une pause.
D'accord, j'y vais !

Théo fait une passe
en direction de son frère,
mais Ben manque d'énergie.

Je n'en peux plus. C'est trop difficile !
effort*
leadership*
créativité*

Que se passe-t-il, Ben ?

La partie est terminée pour moi. Je suis épuisé !
7
leadership*
effort*
créativité*
9

Aide Ben à choisir
un mot qui lui permettra
de poursuivre sa partie
de soccer.

leadership*
effort*
créativité*

Ben choisit l'effort*
et se relève.

C'est beaucoup plus difficile que je croyais, mais je choisis de réunir mes forces pour terminer la partie !
effort*
créativité*
leadership*

Ben fait une passe à Théo,
qui marque un but !

ÉCOLE

Grâce à ses efforts
supplémentaires,
Ben a permis à Théo
de marquer le but gagnant !

Questions :

1. De quelle couleur est le chandail de Théo ?

2. Qu'est-ce que Ben a fait de particulier avant sa partie de soccer ?

3. Pourquoi Ben veut-il arrêter de jouer au soccer ?

4. Qu'est-ce que Ben fait pour terminer la partie de soccer ?

5. Et toi, qu'aurais-tu choisi dans le filet de ballons de Ben ? Pourquoi ?

6. Quels numéros portent Julie, Ben et Théo ?

Définitions :

* Créativité :
  Imagination, capacité d'inventer.

* Effort :
  Fait de réunir ses forces pour réussir quelque chose.

* Entreprendre :
  Commencer quelque chose.

* Extrémité :
  Fin ou limite de quelque chose.

* Leadership :
  Capacité de donner la direction à un groupe.

Réponses :

1. Le chandail de Théo est jaune.

2. Ben a pris un bon déjeuner pour avoir de l'énergie.

3. Parce qu'il trouve que c'est trop difficile.

4. Ben fait des efforts supplémentaires. Il réunit ses forces pour terminer la partie même si c'est difficile.

5. Les réponses positives appuyées par des arguments cohérents sont bonnes.

6. Julie porte le numéro 5, Ben porte le numéro 9 et Théo porte le numéro 7.